AF542069

ENSEIGNEMENT PRIMAIRE

VIE POLITIQUE

PARIS. — IMPRIMERIE GÉNÉRALE DE CH. LAHURE
Rue de Fleurus, 9

ASSOCIATION POUR LA VIE POLITIQUE. — DÉCENTRALISATION

DE L'ENSEIGNEMENT PRIMAIRE DANS LES CAMPAGNES ET DE SON INFLUENCE SUR LA VIE POLITIQUE DES POPULATIONS

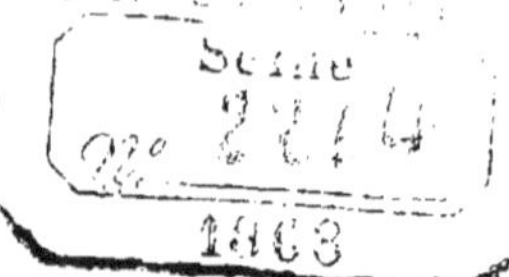

PRÉCÉDÉ D'UNE

LETTRE

A SON EXCELLENCE M. LE MINISTRE DE L'INSTRUCTION PUBLIQUE

PAR

PAUL COTTIN

(du département de l'Ain)

— « O fortunatos nimium, sua si bona norint
« Agricolas! »

— « Et sanabiles fecit nationes.... »

— « La liberté ne se donne pas, elle se prend. »

DEUXIÈME ÉDITION

PARIS

E. DENTU, LIBRAIRE-ÉDITEUR

PALAIS-ROYAL, 17 ET 19 (GALERIE D'ORLÉANS)

AIN — CHEZ LES PRINCIPAUX LIBRAIRES

RHONE — CHEZ LES PRINCIPAUX LIBRAIRES

1868

Monsieur le Ministre,

Quand une institution nouvelle prend naissance, l'intelligence du fondateur en peut faire tous les frais : de là, souvent, bon sens et simplicité de conception, partant sagesse. Mais si c'est une réforme qu'il nous faut entreprendre, comment faire en nous-même table rase des idées préconçues, des systèmes tout faits, des habitudes d'esprit contractées, des préjugés de toute sorte? Ce sont là tourbillons qui nous aveuglent, courants qui nous entraînent à notre insu, milieux qui, à la longue, ont, pour ainsi dire, pénétré notre nature.

C'est pourquoi, monsieur le Ministre, nous hésitons plus que vous en un sujet aussi grave que celui de l'enseignement; et loin de prétendre apporter dans cette matière quelque décisive lumière, réclamons seulement de dire ce qu'il nous en semble.

Or, il nous semble, en premier lieu, que, pour l'ordinaire, les appréciations plus ou moins rapides de ce qu'on appelle la question de l'enseignement n'en distinguent pas avec précision tous les éléments, et que bon nombre d'esprits, conduits, sans s'en douter, par une de ces habitudes égoïstes dont on vient de parler, influencés peut-être aussi par le point de vue naïvement exclusif de ceux qui les entourent, se bornent à considérer avec attention les parties littéraire, scientifique et quelque peu philosophique dont l'ensemble constitue ces enseignements qu'on appelle secondaire et supérieur dans lesquels ils ont été nourris.

En procédant de la sorte, ils oublient qu'eux-mêmes et ceux qui les touchent de plus près ne forment, en réalité, qu'une exception restreinte, et que, autour d'eux, des multitudes réclament une autre initiation.

Nous nous plaisons à reconnaître, monsieur le Ministre, que vous n'appartenez point à cette catégorie d'esprits exclusifs, et que, dans la série laborieuse des changements et des réformes que votre règne aura tenté de faire prévaloir, vous avez réservé une large part à l'enseignement des classes populaires.

Mais si nous n'hésitons pas à rendre justice à l'effort en lui-même, nous sommes loin d'approuver les moyens dont vous faites usage : l'État qui, en votre personne, se constitue l'infatigable concurrent de l'enseignement libre moins riche et moins puissant que lui, dépassant malheureusement en cela la limite de ses attributions naturelles de protection et d'encouragement.

C'est à votre initiative, monsieur le Ministre, que nous devrons une partie notable de ces dérogations à l'égalité si nécessaire de tous les membres de notre corps enseignant, une portion de ces atteintes à une liberté raisonnable, mais sérieuse de l'enseignement.

Au mépris de ces grands principes de justice, dont le gouvernement que nous respectons et que vous servez, fait, dit-on, la pierre angulaire de son édifice, vous, monsieur le Ministre, vous efforcez de créer en France et d'imposer à tous une classe privilégiée.

Et dans quelle sphère, je vous prie?

Dans la sphère de l'éducation de cette pensée humaine qui, de toutes choses, en ce monde, est, sans contredit, la plus respectable dans son libre développement [1].

C'est en fait, nous le répétons, une tentative de dérogation au droit commun, et nul en France, même parmi ceux au profit desquels vous l'essayez, ne saurait vous en être reconnaissant.

1. Il est bien entendu que nous ne contestons pas à l'État le droit d'établir et de maintenir un corps enseignant : à l'Université, par conséquent, le droit d'exister. Ce que nous combattons ici, au nom d'une juste liberté, ce sont les efforts que l'on fait pour restreindre le droit des uns au profit de celui des autres, et pour développer outre mesure l'action de l'Etat dans l'enseignement.

Mais c'est assez parler de vous, monsieur le Ministre, et c'est à nous-mêmes que nous devons adresser à ce sujet les plus graves reproches.

Nous ne saurions méconnaître les difficultés de toute nature que rencontre sur sa route un gouvernement quel qu'il soit; à plus forte raison plaignons-nous sincèrement le nôtre qui, en présence de la honteuse indifférence et de l'apathie presque universelle où nous sommes plongés en tout ce qui regarde l'accomplissement de nos devoirs publics et politiques, est forcément conduit à prendre à sa charge une masse énorme d'attributions que sa nature ne comporte point et dont le poids (vous en êtes malheureusement vous-même une preuve vivante, monsieur le Ministre) est de beaucoup trop écrasant pour les épaules d'un seul ou même de quelques-uns.

Il n'y a plus guère de citoyens en France, et c'est là, monsieur, ce qui explique et appelle, pour ainsi dire, tant d'erreurs de votre part et de la part d'un certain nombre de vos collègues.

C'est aussi là ce qui devrait étouffer bien des récriminations, imposer silence à bien des détracteurs.

A qui l'on permet de tout faire, on doit ménager son blâme et son indignation.

C'est presque un mandat tacite que la France vous donne par son abstention, et le droit de plainte lui échappe, dès lors, en partie.

Vous nous permettrez, monsieur le Ministre, de réagir contre une tendance aussi désastreuse, et de conserver, contre vous et contre d'autres, une certaine liberté de critique en montrant que, à titre de citoyens, nous faisons nos efforts pour apporter notre part de lumière et d'action dans une série de problèmes dont la bonne solution intéresse à la fois, et au plus haut degré, le présent et l'avenir de notre pays.

De tous les genres d'enseignement, disions-nous tout à l'heure, l'enseignement primaire est celui dont on s'est, trop souvent, le moins préoccupé.

Son importance, aujourd'hui, n'échappe plus à personne.

C'est donc par lui que nous commencerons, restreignant ici notre étude, afin de la rendre plus claire, à cet enseignement tel qu'il est désirable pour nos campagnes, et le considérant, pour plus de simplicité, dans ses agents ordinaires : le ministre de la religion et l'instituteur communal laïque.

Nous dirons ensuite quelques mots de l'action qui revient au citoyen dans cet enseignement; puis nous essayerons de faire ressortir les heureuses conséquences qui pourraient résulter de cette initiative au point de vue du développement de notre vie politique nationale, et, en particulier, dans la direction de l'institution nouvelle du suffrage universel tel qu'il fonctionne de nos jours, institution dont l'expérience, dans ces conditions, n'est pas encore faite assurément, quoi qu'on en puisse dire.

Nous désirons vivement, monsieur le Ministre, que ce projet d'union entre la science, la religion et ce qu'on pourrait appeler l'action civique de chacun de nous, s'impose d'une manière sérieuse à vos réflexions : peut-être alors verrions-nous se ralentir tant d'efforts extrêmes et dangereux, systématiquement combinés pour développer d'une façon à peu près exclusive le premier de ces trois éléments.

Mais ce que nous désirons bien davantage encore, c'est que la lecture des quelques pages qui vont suivre excite de plus en plus, dans le cœur de tout ce que nos provinces, nos communes et nos départements français possèdent d'hommes dévoués et intelligents, la résolution ferme et constante de compter avant tout sur eux-mêmes, sur leur initiative propre, sur leurs efforts personnels, sur leur action énergique et en même temps modérée, légale et pacifique pour réaliser dans cette question de l'enseignement, comme dans toutes les autres qui intéressent la vie et le bonheur de notre société, cette parole si vraie, je dirai même si profondément philosophique :

LA LIBERTÉ NE SE DONNE PAS, ELLE SE PREND.

Agréez, monsieur le Ministre, mes salutations respectueuses.

Paul COTTIN.

Jujurieux, novembre 1867.

CHAPITRE I.

LE MAL.

> O fortunatos nimium, sua si bona norint
> Agricolas!

Il y a dans notre population française une classe, la plus nombreuse de toutes, aussi nombreuse à elle seule que toutes les autres réunies, puisqu'elle renferme plus de dix-huit millions de nos concitoyens : nous voulons parler de la classe agricole.

Cette classe naît, vit et meurt sur la terre qu'elle cultive ; moins riche, il est vrai, mais aussi moins pauvre que beaucoup d'autres ; moins savante, mais plus sensée ; moins habile, mais plus honnête.

C'est elle, avant tout, qui nourrit, vêtit et loge la société dont elle fait partie, productrice qu'elle est de toutes matières premières.

C'est elle qui, non contente d'être ainsi pour cette société la source de l'existence, lui donne jusqu'aux hommes dont elle a besoin, remplissant la double tâche de se renouveler elle-même et de renouveler dans nos villes, lentement mais perpétuellement, les générations épuisées.

C'est elle encore, plus que toutes les autres, qui fournit à la défense du pays ses fils et son sang.

Base en cela de la sécurité extérieure de la nation, elle est en même temps l'élément le plus sûr de sa tranquillité intérieure.

Elle, enfin, conserve dans une large mesure ce respect de la famille, de la religion, de la moralité et de l'honnêteté qui déclinent si rapidement en beaucoup d'endroits, et sur lesquels, pourtant, reposent à la fois notre présent et notre avenir.

Or, il faut le reconnaître, cette classe importante, cet élément vital de notre société est troublé de nos jours : troublé dans sa richesse ; troublé par là même et par d'autres causes encore dans ses tendances et dans la direction de ses efforts ; menacé, dès lors, dans sa vie propre, c'est-à-dire dans sa simplicité, son honnêteté, sa moralité, sa religion.

I

Quand nous affirmons, en premier lieu, que nos classes agricoles sont, aujourd'hui, troublées dans les conditions normales de leur richesse et, par conséquent, de leur bien-être, nous sommes bien loin, par là, de vouloir contester les progrès si remarquables accomplis par notre agriculture dans le cours de ces dernières années.

Les faits sont patents ; nul ne peut les méconnaître ; et c'est avec la joie la plus vive que nous voyons chaque jour se produire, dans cette sphère, des efforts nouveaux et souvent désintéressés.

Il n'en est pas moins vrai, toutefois, que cette richesse et ce bien-être tendent à ne plus rester en rapport avec les besoins qu'elles sont appelées à satisfaire.

C'est là le véritable sens de notre proposition. Essayons de la démontrer et, pour cela, partons des faits.

Or, un fait approuvé par les uns, déploré par les autres, mais dont nul ne conteste la réalité, c'est l'extension rapide que prennent, à notre époque et dans tous les rangs de la société, les besoins de toutes sortes ; extension à laquelle participent maintenant les populations agricoles, bien qu'elles y aient résisté plus longtemps que les autres.

En présence de ce fait, si les richesses tendent à s'accroître dans la même proportion que les besoins, rien n'est changé dans l'ordre économique des choses ; mais si les besoins, au contraire, tendent à dépasser la production, il n'en est plus de même, un mal prend naissance auquel il faut se hâter de porter remède.

C'est une disproportion de ce genre qui menace de s'établir aujourd'hui entre la production de la classe agricole et les besoins que cette production doit satisfaire.

Est-ce à dire, encore une fois, qu'on puisse méconnaître les développements considérables que, sur une foule de points, l'agriculture a pris de notre temps? N'avons-nous pas le droit de nous enorgueillir des progrès que réalise aujourd'hui la richesse agricole, soit par l'accroissement des produits eux-mêmes, soit par les valeurs nouvelles que fait naître un mouvement d'échanges et de communications tout à fait inconnu jusqu'à nos jours?

Qui donc voudrait, nous le répétons, se heurter à des faits évidents?

Mais s'il est impossible de ne pas admirer ce brillant côté de la situation actuelle, il serait dangereux de s'aveugler sur les difficultés qu'elle présente.

D'une part, les préjugés, les routines, l'ignorance, occupent encore la plus large place dans notre agriculture; malgré les progrès réels dont on vient de parler, la terre, pas encore traitée comme elle devrait l'être, ne dispense qu'une faible partie des biens qu'elle pourrait produire, et les efforts de l'homme, mal dirigés, sont loin d'avoir des résultats proportionnés à leur intensité.

D'autre part, si les habitants de nos campagnes sont mieux nourris, mieux logés, mieux vêtus maintenant qu'autrefois, conséquence heureuse et naturelle de l'augmentation de leurs ressources, ils tendent à dépasser de si justes limites, à développer et à satisfaire des besoins factices : distractions plus fréquentes, plaisirs plus coûteux, confortable, agréments, satisfactions d'amour-propre et de toilette, instruction plus élevée que ne le comporte leur etat, etc., etc.

Il n'est pas jusqu'au besoin fiévreux d'un enrichissement facile et subit qui ne pousse déjà, sur certains points, dans le gouffre des jeux de bourse les sommes péniblement amassées par le cultivateur.

C'est la comparaison de ces deux ordres de faits qui nous semble révéler l'existence du danger, que nous signalions tout à l'heure, à savoir une disproportion menaçante entre la production agricole et les besoins qu'elle est appelée à satisfaire.

Et lorsque nous parlons de dangers, de craintes, de menaces, ne restons-nous pas, dans notre modération, en deçà de la vérité et des faits?

On pourrait le croire s'il est vrai qu'il faille évaluer au chiffre énorme de deux à trois millions le nombre des cultivateurs qui déjà, et dans l'espace de quelques années, ont abandonné leur noble profession pour chercher dans les gains des industries manufacturière et commerciale le moyen de satisfaire des besoins dont le développement était incompatible avec les ressources que leur offrait l'agriculture.

Si cette double marche, marche lente des progrès agricoles, marche rapide des besoins, continue dans les mêmes proportions, il y aura bientôt, s'il n'y a déjà sur bien des points, un lourd déficit à combler; sur quoi prendra-t-on pour cela?

Sur l'épargne, sans doute.

Ce sont donc les épargnes de l'agriculteur, ou les sommes qui précédemment eussent été consacrées à l'épargne, qui serviront à combler le déficit.

Or, l'absence de l'épargne suffirait seule à troubler toute notre agriculture.

L'épargne est la source du capital, c'est-à-dire de l'une des puissances les plus essentielles à la production des choses de la vie.

On ne saurait contester que les capitaux ne soient

les forces indispensables à tous les développements industriels quels qu'ils soient : agricoles, manufacturiers ou commerciaux; or, la source première de tout capital, c'est l'épargne.

Et, qu'on le remarque bien, en signalant le désordre que peut amener cette disproportion des besoins et de la production agricole, nous ne l'envisageons, pour plus de clarté, qu'au point de vue particulier de la classe qui nous préoccupe en ce moment; mais ce résultat ne se borne pas dans ses effets à cette portion de la société, et il serait aisé de faire voir que si, en dehors des dix-huit millions d'agriculteurs dont on vient de parler, douze millions d'ouvriers manufacturiers, quelques millions de commerçants et le reste de la population dans toutes les carrières, ont à supporter aussi l'accroissement de dépenses qu'exige une augmentation de leurs besoins en disproportion avec celle des choses de l'existence, ce désordre exerce pareillement une influence journalière et fâcheuse sur leurs épargnes, et par conséquent sur leurs capitaux, sur leur puissance et sur leur bien-être.

Voilà donc un premier malaise de nos populations agricoles; voyons s'il en est d'autres, et avant que de chercher le remède déterminons exactement tous les caractères de la maladie.

II

La classe sociale dont nous parlons est encore troublée, disions-nous tout à l'heure, dans ses tendances et dans la direction de ses efforts : c'est là une seconde affirmation dont il est difficile de contester la justesse.

De nos jours, en effet, l'agriculteur flotte, balance, hésite indécis entre les champs et l'usine, entre la charrue et la navette.

Plus avide de jouissances à mesure que les progrès de la richesse publique satisfont mieux d'abord puis excitent ses besoins, à mesure aussi que des communications plus faciles et plus fréquentes le mettent plus en contact avec les côtés brillants et fascinateurs de ce qu'on appelle notre civilisation, il admire au passage les fortunes habilement réalisées, sans songer au cortége de misères et de ruines qui les coudoie; il compare instinctivement sa peine de tous les jours et qui ne doit point cesser aux oisivetés rapidement conquises, les rares et simples distractions qu'il peut se procurer aux mille plaisirs qui l'invitent, son infériorité apparente à de faux semblants de supériorité.

Beaucoup de notre temps se sont laissés entraîner, leur nombre va croissant, on cherche en vain à maîtriser le courant.

Ce mal n'a déjà plus, comme le précédent, un caractère avant tout matériel et physique; c'est un désordre moral, un désordre dans le bon sens d'abord, puis dans la volonté et dans les mœurs d'une partie importante de notre population.

III

Enfin, le dernier de ces troubles que nous signalions tout à l'heure, et celui-là est tour à tour la cause et la conséquence des précédents, plus grave et plus dangereux que tous les autres, c'est l'affaiblissement progressif de la moralité, de l'honnêteté, de la religion, des croyances dans la classe qui avait été jusqu'à présent le plus sûr gardien de ces vertus, et, par là, le fondement solide de notre société.

Si l'agriculteur reste aux champs mais se laisse pénétrer peu à peu par cette exagération de besoins qui le sollicite aujourd'hui de toutes parts, luxe des vêtements et de la nourriture, plaisirs plus coûteux, dépenses plus fréquentes, instruction et lectures en disproportion avec le but qu'il est destine à remplir, et si, dédaignant un état qui ne suffit plus à satisfaire tant de désirs, il regarde d'un œil d'envie ce qui paraît être au-dessus de lui, une situation d'esprit aussi anormale et tant de passions en jeu ne tardent pas à produire leurs effets : la moralité souffre, la religion s'affaiblit, les croyances disparaissent, les traditions s'effacent, l'honnêteté n'a plus de ferme appui.

Que sera-ce donc de celui qui, cédant à l'attrait puissant qui l'entraîne vers les grandes villes, abandonne son village et rompt avec son passé?

La triste expérience de tous les jours nous dispense de répondre, et l'état d'abaissement physique, moral, intellectuel et religieux, voire même social, où tombent en foule les membres de nos populations ouvrières, est un tableau trop frappant du sort qu'il rencontre.

Arrêtons-nous maintenant et résumons en quelques mots tout ce qui précède.

En France nos populations rurales ont toujours eu et ont encore une telle importance qu'à leur destinée est intimement liée la destinée du pays tout entier; or, ces populations, un triple danger les menace de nos jours :

1° un développement exagéré des besoins à satisfaire;

2° une tendance générale à déserter les champs pour s'agglomérer dans les villes;

3° un affaiblissement réel de la vie morale, c'est-à-dire de la famille, des mœurs, de la religion et des croyances.

Telle est la situation dont nous avons essayé de déterminer à grands traits les principaux caractères; qu'avons-nous à faire, maintenant?

A ces maux que nous venons d'indiquer il nous faut chercher un remède.

CHAPITRE II.

LE REMÈDE.

Et sanabiles fecit nationes....

Les médecins ne sont pas rares dès qu'il s'agit de consulter sur une maladie sociale, et des désordres si graves et si multipliés ont donné et donneront encore lieu à bon nombre de remèdes.

Ceux que porte avec lui l'enseignement doivent seuls nous occuper ici, puisqu'ils rentrent seuls dans le cadre de cette étude.

Mais quel enseignement?

Nous entendons aussitôt des esprits exclusifs :

— « Ne voyez-vous pas, disent les uns, que tous les dangers dont vous signalez l'existence n'ont en définitive qu'une seule cause à laquelle, tous, ils se rattachent plus ou moins directement, à savoir l'infériorité dans laquelle se trouvent placées de nos jours les populations de nos campagnes, au point de vue des conditions et de l'enseignement économiques?

C'est cette infériorité qui nous fait craindre de voir la production rester au-dessous des besoins; c'est elle qui pousse l'agriculteur à laisser la charrue pour aller chercher ailleurs une carrière plus lucrative; c'est elle encore qui, par tous ces motifs, tend à l'affaiblissement des mœurs, de la religion et des croyances.

C'est là, par conséquent, qu'il faut appliquer ce remède de l'enseignement à l'efficacité duquel nous avons confiance comme vous.

Que l'enseignement corrige cette partie; qu'il développe la production; que, par la science, il élève les conditions économiques de nos campagnes à la plus grande hauteur possible, et le mal sera conjuré autant qu'il peut l'être.

Nous concluons en un mot :

Il faut que l'enseignement primaire dans les campagnes soit agricole et économique. »

— « Erreur! s'écrient les autres; parler ainsi, c'est ériger en cause ce qui n'est tout au plus qu'un effet.

Si les besoins menacent de dépasser la production; si les hommes mécontents de leur sort désertent nos campagnes; si les familles s'y désunissent, que les bonnes mœurs y deviennent plus rares, la religion et les croyances plus faibles, tout cela tient à une autre cause, seule réelle : nous voulons parler d'une première décadence de l'esprit religieux dans les populations rurales. C'est cette cause qu'il faut attaquer dans sa racine, c'est là qu'il faut appliquer toutes les forces de l'enseignement, et, pour ces motifs, nous concluons :

Il faut que l'enseignement primaire dans les campagnes soit religieux. »

Voilà, sans doute, deux manières de voir fort opposées, l'une envisageant la question de l'enseignement au point de vue purement religieux, l'autre n'en considérant qne les côtés économiques.

Ni l'une ni l'autre ne nous paraît susceptible d'amener les résultats que nous cherchons.

L'esprit religieux ne possède pas de nos jours une force assez grande, même dans nos campagnes, pour qu'on puisse se flatter de l'opposer seul et avec succès aux tendances dont nous venons de constater les développements exagérés, et, d'autre part, une augmentation pure et simple de la richesse et de l'instruction économique de nos populations est loin de nous sembler une digue suffisante contre les mêmes dangers.

Pourtant les intérêts engagés sont trop graves pour que nous puissions rester indécis, et dût notre opinion se modifier plus tard, nous avons le devoir de nous en faire une dès maintenant, parce que dès maintenant nous avons le devoir d'agir.

Cette opinion peut-être la pourrions-nous trouver en germe dans une proposition émise tout à l'heure, à savoir : *que l'affaiblissement moral des populations qui nous préoccupent est tour à tour la cause et la conséquence de leurs désordres économiques.*

On peut voir, en effet, dans la diminution des croyances religieuses la cause primitive du relâchement des mœurs, du développement exagéré des besoins, de l'envie et du mécontentement qui portent les masses à dédaigner leur condition ; mais tous ces effets n'agissent-ils pas eux-mêmes ensuite comme causes? L'appauvrissement, l'envie, le mécontentement ne deviennent-ils pas à leur tour sources d'immoralité, d'improbité, d'irréligion?

Cette action et cette réaction ne sauraient être niées.

Il existe donc deux ordres de causes, deux racines

du mal que nous combattons ici, causes solidaires, si je puis m'exprimer ainsi, c'est-à-dire se développant mutuellement l'une par l'autre.

De ces deux causes, sans doute, l'une a précédé l'autre, et celle-là mérite un redoublement d'attention; mais il n'en est pas moins vrai que de nos jours toutes deux agissent simultanément et toutes deux avec la plus grande force.

Si ces causes ont ainsi l'une sur l'autre une action et une réaction réciproques; si, de la sorte, elles vont se fortifiant perpétuellement, comment vouloir s'attaquer à l'une d'elles seulement? N'est-ce pas s'exposer d'une manière certaine à voir ses efforts frappés de stérilité?

Or, c'est un résultat pratique que nous cherchons ici; soyons donc pratiques dans notre action.

Sous prétexte que les croyances et la religion, si elles gouvernaient les hommes, seraient un remède suffisant aux maux qui nous menacent, ne négligeons pas les côtés humains de la question, nous nous exposerions à rencontrer dans la nature de l'homme des résistances invincibles.

Et d'autre part, quelque confiance que puisse nous inspirer les résultats moraux d'une heureuse transformation de l'état économique de nos populations, ne laissons pas de nous adresser en même temps à ces puissants contre-poids qu'on appelle morale universelle et éternelle, croyances naturelles et absolues, religions révélées.

Ce qu'un esprit honnête, et il y en a partout, doit s'appliquer à chercher ici, ce n'est pas un champ de parade pour ses sentiments propres, ses préjugés de naissance ou d'éducation, ses sympathies ou ses antipathies à l'égard des institutions existantes; ce sont les moyens immédiatement pratiques et accessibles à tous de produire non pas le renversement de l'état actuel des choses, mais son perfectionnement, non pas des révolutions dans l'enseignement, mais une évolution.

Usons donc de tous nos moyens; ne répudions aucune chance de succès : deux causes tendent concurremment à développer le mal que nous voulons diminuer, portons à la fois le remède sur toutes les deux, et concluons dès lors :

L'ENSEIGNEMENT PRIMAIRE DANS LES CAMPAGNES DOIT ÊTRE SIMULTANÉMENT RELIGIEUX, AGRICOLE ET ÉCONOMIQUE.

Religieux, il affermit les croyances, les bonnes mœurs, les liens de famille, les instincts honnêtes; il ennoblit et augmente le travail quelque obscur qu'il soit, restreint les besoins, les ambitions folles, la désertion des foyers.

Agricole et économique, il développe le bien-être, rattache le cultivateur à sa propriété, le fait supérieur aux populations manufacturières qui le sollicitent, le conserve dans les conditions d'une vie normale, honnête et calme, le rapproche des croyances spontanées et de la religion.

Ce sont là deux courants qui partis de points opposés se rencontrent dans les mêmes résultats, montrant par là qu'il n'y a pas contradiction, comme on se plaît quelquefois à le dire, entre le bien et l'utile, entre les principes économiques et les vérités morales, entre la science et la religion, et témoignant une fois de plus d'une admirable harmonie entre les lois diverses qui président à la marche de l'humanité.

Tel est le genre d'enseignement qui nous semble le mieux répondre pour le moment aux besoins de nos populations agricoles.

Mais quelle sera la mesure de cet enseignement ?

Et qui le donnera ?

Deux questions capitales et dans lesquelles vient se résoudre toute cette matière.

I

Quelle sera la mesure de cet enseignement ?

Ici nous nous trouvons en présence d'une opinion presque universellement répandue de nos jours et dont l'apparence est bien faite pour entraîner les esprits :

Il faut, dit-on, *développer* LE PLUS POSSIBLE *l'instruction des classes populaires.*

C'est là une idée théorique séduisante ; mais qu'on veuille bien y joindre l'observation des faits, la connaissance des éléments qui constituent la société et celle de leur jeu réciproque, on verra bientôt que répandre l'instruction *le plus possible* et sans distinction de classes et de personnes, c'est préparer l'ébranlement de cet état social qu'on voudrait consolider et développer.

La société est un corps vivant; chacun de ses organes doit remplir une fonction spéciale et le tout ne subsiste qu'à cette condition.

L'agriculteur, le manufacturier, le commerçant, le ministre de la religion, le philosophe, le savant, le législateur, l'administrateur, le juge, sont autant de rouages particuliers qui ne sauraient agir les uns sans les autres.

Tout affaiblissement notable de l'un ou de plusieurs de ces éléments amène par conséquent un désordre dans le tout.

Or c'est un fait de ce genre qui résulte de l'instruction appliquée sans mesure aux classes populaires.

Les hommes sont ainsi faits que, mécontents de leur sort (et cela, il faut bien l'avouer, pour de fort bonnes raisons) leurs désirs se portent au delà par toutes les voies qui leur semblent ouvertes.

Ceci n'est que trop vrai dans la question qui nous occupe : si l'agriculteur reçoit une instruction plus étendue que celle réclamée par sa position, s'il peut se faire un moment d'illusion, se croire au-dessus de son état et capable d'en atteindre quelque autre plus élevé en apparence, il s'y précipite aussitôt.

L'agriculture alors manque d'intelligences et de bras, elle languit, et la société tout entière se ressent de l'affaiblissement d'un de ses organes importants.

Mais le danger ne se borne pas là.

Le nombre des positions sociales est restreint, le nombre de ceux qui y aspirent est fort grand : la plupart du temps, le transfuge se trouve donc repoussé par l'organisation sociale telle qu'elle existe.

Mais il ne saurait revenir sur ses pas, retourner aux travaux qu'il a dédaignés : déclassé, misérable, il ne voit souvent de terme à ses maux que dans un renversement de toutes choses qui lui permettra de saisir une place parmi les vides que la violence aura faits.

Et ce qu'on dit ici de l'agriculteur est également vrai des membres de nos autres classes industrielles.

Nous rejetons donc énergiquement, pour tous ces motifs, ce principe, philanthropique seulement en apparence, essentiellement nuisible en réalité, à savoir : *que l'instruction doit être répandue* AUTANT QUE POSSIBLE *dans les classes populaires.*

Nous le remplacerons par celui-ci, que nous proposons comme beaucoup plus raisonnable, et qui pourrait être étendu à tous les membres de la société sans exception :

IL FAUT DONNER A CHACUN L'INSTRUCTION QUI LUI EST NÉCESSAIRE POUR ATTEINDRE LE BUT QU'IL SE PROPOSE.

IL FAUT, en d'autres termes, PROPORTIONNER LES MOYENS DE CHACUN A LA FIN QU'IL POURSUIT.

« Pour juger de ce qu'il convient d'enseigner à des « élèves, dit un économiste distingué de notre « époque, on doit se rendre compte de la destination « à laquelle il s'agit de les préparer. »

Et plus loin :

« Le pays où les lumières seraient répandues, se« rait celui où chacun aurait appris ce qu'il a besoin « de savoir pour remplir tous ses devoirs ici-bas. »

Appliquons maintenant les réflexions qui précèdent à la question particulière qui nous occupe :

Nous voyons, en résumé, que à celui qui se destine à l'agriculture il faut donner toute l'instruction dont il a besoin pour devenir un bon agriculteur ; rester en deçà lui serait nuisible, aller au delà le serait également.

Ce ne sont là que règles de bon sens, bien qu'elles soient de nos jours largement méconnues.

Ces limites raisonnables une fois posées, il devient plus facile de déterminer ce que doit être l'enseignement soit religieux, soit agricole, soit économique, dans les campagnes.

L'enseignement religieux est par sa nature essentiellement dogmatique, c'est-à-dire qu'il procède par voie d'autorité quelle que soit la religion dont il s'agisse; et sous ce rapport il convient parfaitement à des populations chez lesquelles un travail incessant et manuel ne laisse que bien peu de temps à la réflexion.

Toutefois, sans que rien soit changé dans ce caractère essentiel, l'enseignement religieux peut devenir l'objet de développements aussi variés que les intelligences auxquelles il s'adresse.

Il y a loin, sans doute, de l'enseignement élémentaire d'une religion quelle qu'elle soit aux sommets de sa théologie, et pourtant il n'y a là qu'un seul enseignement, une explication plus ou moins développée de certains principes admis comme surnaturellement et extérieurement révélés.

Ces considérations seraient inutiles si nous pensions que l'enseignement de la religion dût se borner à l'enfance : là les premiers éléments suffisent; qui ferait plus resterait incompris.

Mais aujourd'hui, nous le croyons, quelque chose de plus est nécessaire.

A tort, d'après les uns, à raison, suivant d'autres, on a donné de notre temps une grande impulsion à l'instruction des classes populaires; or, avec l'instruction s'accroît l'esprit d'examen, et l'esprit d'examen conduit tantôt à la vérité, et tantôt à l'erreur.

Il y a donc aujourd'hui plus que jamais une lutte dans l'humanité entre la vérité et l'erreur.

Plus que jamais il est donc indispensable de donner à l'esprit toute sa liberté et toute sa puissance.

Pour cela il faut le développer tout entier, par tous ses côtés, dans toutes ses forces vives.

Or, un fait attesté universellement et perpétuellement par l'histoire de l'humanité, c'est qu'il y a dans l'esprit des hommes tout un côté que l'on peut appeler côté religieux, force, faculté, tendance religieuse.

Développer les autres puissances de l'esprit humain a l'exclusion de celle-là, c'est donc mutiler cet esprit; or, nous le répétons, l'homme n'a pas trop de toutes ses forces pour trouver la vérité.

Au progrès de l'enseignement scientifique joignons donc un progrès proportionnel de l'enseignement religieux; à des intelligences qui tendent à se développer donnons un enseignement religieux plus explicite.

Essayerons-nous maintenant de déterminer d'une manière plus exacte la mesure de cet enseignement?

Non certes, car cette mesure est nécessairement variable suivant les lieux et l'état des esprits; il existe même çà et là dans notre société des populations simples et primitives à qui suffiraient encore les principes et les préceptes élémentaires.

Ce que nous affirmons ici, d'une manière générale, c'est qu'il importe de déterminer un second degré dans l'enseignement religieux, parce qu'il importe de de ne pas borner cet enseignement à l'enfance mais de le continuer à la jeunesse d'abord, à l'âge mûr si l'on peut, jeunesse et âge mûr qui réclament toutes deux un aliment approprié au développement de leur esprit et peut-être aussi de leur amour-propre.

Qu'il nous soit permis d'indiquer ici un moyen immédiatement pratique d'arriver au but que nous proposons.

Une difficulté sérieuse dans cette matière c'est le peu d'empressement que pourraient témoigner ceux-là même à qui doit s'adresser cet enseignement religieux ainsi continué et développé. Suivant les temps et les lieux on pourra trouver des moyens plus ou moins efficaces de remédier à cet embarras. Aujourd'hui nous pourrions nous aider, ce nous semble, d'un fait qui paraît devoir prendre le caractère d'une institution, je veux parler des cours d'adultes organisés depuis peu.

Cette création récente peut être appréciée diversement, exaltée ou blâmée, jugée nécessaire ou inopportune, utile ou dangereuse; pour le moment laissons de côté ces sentiments divers ; ce que nous savons, c'est que cette institution existe, qu'elle fonctionne, et qu'elle est un moyen d'influence.

Sans plus tarder, sachons nous en servir, tournons cette force au profit de tous, et que l'enseignement religieux, continué et développé, prenne sa place dans les écoles du soir.

Ainsi, en résumé, l'enseignement religieux dans nos campagnes doit aujourd'hui, ce nous semble, présenter deux degrés : également dogmatique pour l'enfant et l'adulte, qu'il reste pour le premier ce qu'il est actuellement, c'est-à-dire élémentaire, qu'il se continue pour le second, mais en se développant.

Parlons maintenant de l'enseignement agricole.

Ici, hâtons-nous de le dire, la qualité qui doit prédominer, c'est une prudence extrême, c'est la résolution bien prise et énergiquement maintenue en pratique de ne faire entrer dans cette instruction professionnelle primaire de l'agriculteur que des notions non-seulement vraies, mais surtout longuement éprouvées par l'expérience et recommandées par le succès.

Agir autrement ce serait vouloir, non pas la ruine des fortunes agricoles, car nous avons à faire ici à des populations plus que circonspectes et nullement disposées à se jeter dans des voies aventureuses, mais la stérilité anticipée de nos efforts et de notre enseignement discrédités dès les premiers mécomptes.

Une autre condition indispensable à cet enseignement, c'est qu'il puisse être aisément transporté dans la pratique par ceux qui le reçoivent.

Ce n'est donc pas l'introduction d'instruments de culture largement et chèrement perfectionnés, de machines nouvelles, de vastes changements, qu'il s'agit de provoquer; c'est le choix intelligent, puis le développement des moyens déjà employés avec succès sur les lieux mêmes, ce sont les perfectionnements immédiatement et facilement applicables, la connaissance des besoins de la terre, l'emploi raisonné du travail et des engrais, la répartition judicieuse des différentes sortes de cultures, les soins relatifs à l'entretien et à l'élève des animaux, quelques données sur la conservation et l'amélioration des races indigènes, quelques habitudes de comptabilité agricole.

Ces notions et d'autres du même genre seront les bases modestes mais sûres d'un progrès réel de notre production agricole.

Enfin, un troisième caractère de cet enseignement, c'est qu'il doit être à la fois théorique et pratique.

Il ne saurait être question, bien entendu, de travaux réels, de terres largement cultivables réservées à cet usage; ni le temps consacré à l'instruction, ni les ressources des communes n'y pourraient suffire.

Un terrain de médiocre étendue joint à l'école, une étable voisine et volontairement ouverte aux observations rempliront notre but.

Là, les enfants les plus avancés en âge, en travail, en bonne volonté viendront de temps à autre mettre en pratique sous bonne direction ce qu'une théorie simple, courte, facile à retenir leur aura fait entrevoir.

Ainsi formés, nos enfants, devenus hommes faits, traiteront leurs terres comme ils auront appris à traiter un arpent.

Le champ restreint de leurs premiers travaux, loin d'avoir entravé le développement de leurs connaissances, l'aura favorisé au contraire, tous les agriculteurs intelligents adoptant de nos jours le principe fécond de la culture intensive, définitivement persuadés qu'il est beaucoup plus productif de concentrer sur un hectare de terres le travail et les forces disséminés sur deux, ou sur quelques têtes de bétail ce qui se dépense sur un troupeau.

Ainsi prudence, simplicité, union intime de la théorie et de la pratique, tels sont donc les trois caractères qui nous semblent devoir constituer principalement aujourd'hui l'enseignement primaire agricole.

Quelques mots enfin de cet autre enseignement que nous avons appelé économique.

Ce dernier terme pourrait à lui seul effrayer bien des gens, si l'on exagérait la portée que nous voulons lui donner ; mais qu'on se rassure ; pas plus que nous n'avons réclamé pour l'agriculteur une instruction agricole complète et scientifique, pas davantage ne prétendons-nous lui donner la science des lois économiques.

Ce que nous désirons seulement, c'est emprunter à l'étude qui recherche les meilleurs moyens de produire, de distribuer, de consommer la richesse, quelques notions vraies, simples, accessibles à tous, qui viennent concourir avec les seules armes du bon sens et de l'observation des faits à l'action déjà combinée des enseignements religieux et agricole.

L'énumération de quelques erreurs, fort en progrès

de nos jours dans l'esprit de nos populations agricoles, fera mieux sentir la nécessité d'un enseignement qui s'attache à les combattre directement et sur leur propre terrain.

Beaucoup, dès maintenant, alléchés par l'appât des gains rapides, des gros intérêts, des revenus faciles, cessent de consacrer leurs épargnes à l'amélioration ou à l'agrandissement de leurs terres pour les livrer sous le nom d'actions, d'obligations, de rentes sur l'État aux chances diverses des jeux de bourse, aux hasards d'entreprises dont ils ne peuvent apprécier la solidité, aux dépenses folles, aux fantaisies ruineuses et aux banqueroutes des gouvernements.

La plupart, méconnaissant les puissants effets de la division du travail, s'efforcent de produire directement eux-mêmes toutes les denrées qui doivent satisfaire leurs besoins, et mettent leur orgueil à se passer le plus possible des secours que leur pourrait offrir le travail de leurs voisins.

D'autres, ignorant les lois les plus simples de la production, s'élèvent contre les possesseurs des capitaux qui les font vivre, et ne voient qu'oppression arbitraire dans l'action indispensable de ces éléments de toute prospérité industrielle quelle qu'elle soit, agricole, manufacturière et commerciale.

Un assez grand nombre déjà regardent d'un œil sombre l'inégal partage des terres et songent à la part qu'il devront s'attribuer au jour de la justice.

Presque tous, ne se rendant aucun compte de l'importance et de la solidarité des diverses fonctions sociales, croient faussement à l'infériorité de la position, obscure mais noble, simple mais indépendante, dans laquelle ils sont nés.

Et combien d'entre eux méconnaissent l'énorme influence que pourraient exercer sur cette position l'instruction, la moralité, la religion par l'élan qu'elles impriment au travail, à l'épargne, à la richesse et au bien-être !

En voilà assez pour faire comprendre quel rôle doit jouer dans l'enseignement des classes agricoles l'exposition restreinte mais simple, claire, nette de certaines grandes vérités économiques.

Relever l'agriculture aux yeux de l'agriculteur, développer la production par l'affaiblissement des préjugés nuisibles, détruire des mirages trompeurs, des espérances vaines, conserver l'union des classes riches et des classes laborieuses, montrer l'harmonie des intérêts matériels et de la morale, voilà ce que fera cet enseignement.

Rappelons à ce sujet une idée pratique déjà émise tout à l'heure à propos de l'enseignement religieux, et également applicable aux deux enseignements agricole et économique :

Énergiquement résolus que nous sommes à ne pas parler seulement mais aussi à agir, nous devons nous empresser de mettre à profit tous les secours que nous peuvent offrir les institutions existantes, et comme nous avons trouvé naguère dans le fait actuel des cours d'adultes un moyen de développer chez nos populations agricoles l'enseignement religieux, sachons de même y faire une place à l'enseignement de l'agriculture et à l'enseignement économique.

Nous développerons ainsi dans la jeunesse les semences confiées à l'enfant.

Nous terminons ici, pour le moment, l'examen de cette première question que nous nous étions posée tout à l'heure : quelle doit être la mesure de l'enseignement primaire dans les campagnes?

Peut-être observera-t-on que dans ce tableau incomplet et rapide nous avons passé sous silence cette partie de l'enseignement primaire qu'on appelle lecture, écriture et calcul. Savoir lire, écrire et un peu compter sont en effet des connaissances regardées généralement et avec raison comme indispensables de nos jours; mais c'est pour cela précisément que nous avons jugé inutile d'entrer à leur sujet dans des détails spéciaux, et que nous nous bornons à les rappeler ici en leur conservant purement et simplement la place qu'elles occupent déjà dans l'enseignement primaire.

II

La seconde question qui nous reste à résoudre se formulait ainsi :

Qui donnera aux classes agricoles ce triple enseignement?

A cette demande qu'on réponde hardiment :

Donneront l'enseignement religieux, agricole, économique tous ceux qui en ont le devoir, et ce

DEVOIR EST LOIN D'INCOMBER UNIQUEMENT AUX MINISTRES DES RELIGIONS[1] ET AUX MAÎTRES D'ÉCOLE.

1. C'est à dessein que nous employons dans tout le cours de cet écrit l'expression générale de *ministres de la religion* chaque fois qu'il s'agit de désigner les hommes spécialement chargés de l'exercice des fonctions religieuses.

Ce n'est pas que nous partagions en aucune manière cette opinion si répandue de nos jours que toutes les religions sont bonnes.

Qu'est-ce, en effet, qu'une religion sinon un certain ensemble de rapports entre l'homme et la Divinité ?

Or il nous paraît tout à fait irrationnel d'affirmer que, entre deux êtres quels qu'ils soient, il puisse y avoir plusieurs sortes de rapports vrais et pourtant contradictoires les uns avec les autres.

C'est cependant là ce qu'il faut admettre si l'on veut pouvoir soutenir que toutes les religions sont bonnes, c'est-à-dire vraies.

Notre raison ne saurait consentir à une pareille abdication d'elle-même.

A défaut d'autres motifs, celui-là seul suffirait donc amplement pour nous empêcher d'adhérer à l'opinion que nous venons de reproduire, quelque nombreux que soient ses partisans; il revêt, en effet, une évidence mathématique.

Toutefois, si, d'une part, le sens commun nous oblige ainsi à reconnaître qu'il ne saurait y avoir plusieurs religions vraies, et que si, en fait, il en est quelqu'une qui présente ce caractère (ce qu'il ne s'agit pas de démontrer ici), elle est nécessairement la seule de ce genre : d'autre part nous ne pouvons nous empêcher de penser qu'une religion, même imparfaite et fausse, est préférable, pour les individus et pour les sociétés, à l'absence de toute religion.

C'est pourquoi, dans la circonstance présente où nous avons à examiner, entre autres choses et d'une manière générale, le rôle que doit jouer l'enseignement religieux dans l'instruction primaire des populations, et cela chez une nation dont tous les membres n'appartiennent pas au même culte, nous croyons devoir nous adresser à la fois à tous ceux dont la fonction spéciale est de donner, en France, cet enseignement : prêtres catholiques, ministres protestants, et rabbins israélites s'il en existe dans nos campagnes.

Tels sont, en résumé, les motifs qui nous font employer ici cette expression générale de *ministre de la religion* dont nous avions à cœur de déterminer le sens d'une manière exacte.

Mais cette réponse exige quelques développements.

Et, reconnaissons-le immédiatement, le ministre d'une religion et le maître d'une école ont chacun une mission spéciale : au premier l'enseignement religieux, au second l'enseignement agricole et économique.

Mais après avoir fait ainsi la part de ces attributions particulières, hâtons-nous aussitôt de les réunir.

Il faut que celui qui donne l'enseignement religieux donne aussi dans une certaine mesure l'enseignement agricole et économique; et, réciproquement, il faut que celui qui donne l'enseignement agricole et l'enseignement économique donne aussi l'enseignement religieux.

Si l'énoncé de cette double proposition soulevait de prime abord des répugnances, qu'on veuille bien s'abstenir avant d'avoir pris connaissance de l'exposé de motifs qui va suivre, et aussi avant d'avoir entendu ce que nous avons à dire de la troisième classe d'hommes enseignants destinée à soutenir, aider, unir les deux premières.

C'est là, d'ailleurs, un principe que nous n'abandonnerons pas facilement, et non-seulement que nous n'abandonnerons pas, mais que nous transporterons jusque dans les plus hautes régions de l'enseignement, parce que c'est le principe fécond où nous croyons trouver la solution des difficultés énormes que fait naître de notre temps ce qu'on appelle l'antagonisme de la raison humaine et de la religion, des vérites naturelles et des vérités dites révélées.

Mais donnons en quelques mots les motifs qui justifient le principe que nous venons de formuler.

Gardez-vous de mutiler l'esprit humain, disions-nous tout à l'heure; n'éteignez aucune de ses facultés : ni le sens rationnel et scientifique, ni le sens religieux; il lui faut toutes ses forces pour chercher et trouver la vérité, ajoutons ici : et pour vouloir le bien.

Mais si ce développement simultané, harmonique est puissamment favorisé par la réunion des trois objets d'enseignement sur lesquels nous nous sommes étendus tout à l'heure, il repose également sur la manière dont ces objets sont enseignés.

Or, nous croyons ne pas nous tromper en disant que, de nos jours, borner uniquement à l'enseignement religieux le rôle du ministre de la religion, uniquement aussi à l'enseignement scientifique le rôle de l'instituteur, c'est marcher rapidement à cette mutilation de l'esprit que nous voulons éviter.

En effet, donner parallèlement à la classe populaire dont il s'agit ici les connaissances religieuses d'une part, les connaissances agricoles et économiques d'autre part, et les donner chacune par un organe différent, en des lieux divers, par un homme revêtu d'un caractère tout spécial, c'est présenter aux esprits de ces populations non pas un ensemble de vérités un et indivisible, mais des sphères séparées et différentes, là la religion, ici la science, d'un côté le dogmatisme et le surnaturel, de l'autre la raison humaine et l'intérêt.

Mais séparer ainsi dans les esprits ce qui est intimement uni en réalité, n'est-ce pas les exposer à faire tôt ou tard un choix exclusif entre l'un ou l'autre de ces ordres de vérités?

L'expérience est là pour l'attester ; et chaque jour la scission tend à devenir de plus en plus profonde.

Un autre résultat de cette répartition exclusive que nous combattons serait de frapper de stérilité dès le début les espérances que nous avions fondées sur l'action et la réaction réciproques des vérités religieuses, agricoles et économiques.

Cette action et cette réaction ont besoin, en effet, d'être favorisées par un enseignement qui fasse ressortir à chaque instant les rapports qui existent entre ces différentes vérités ; mais ces rapports comment et par qui seront-ils développés ou seulement indiqués dans le système d'enseignement exclusif que nous combattons ? la plupart du temps ils passeront inaperçus pour les maîtres eux-mêmes ; quant aux élèves, ils ne les soupçonneront pas.

Enfin ce serait se faire une illusion profonde que de penser qu'on puisse séparer en fait l'influence des choses enseignées de l'influence de ceux qui les enseignent :

Un ministre de la religion qui se préoccupe des intérêts rationnels et matériels des populations qu'il enseigne a bien plus d'autorité lorsqu'il veut les amener sur le terrain des vérités morales dogmatiques.

De même le maître d'école ne peut que gagner en influence sur les esprits qu'il dirige lorsqu'il devient l'interprète ou plutôt l'organe de la loi du devoir et des croyances religieuses.

Et qu'on nous permette d'ajouter ici une observation :

Nous venons de considérer l'intérêt direct des populations enseignées ; n'aurions-nous pas travaillé en même temps dans l'intérêt des hommes qui les enseignent?

Les représentants directs de la religion dans nos campagnes sont-ils absorbés la plupart du temps par l'étude des choses religieuses et l'exercice de leur ministère? n'ont-ils pas souvent de grands loisirs? perdraient-ils à élargir la sphère de leurs études et de leur action enseignante? ce surcroît d'activité leur serait-il nuisible?

La réponse à ces questions ne saurait être douteuse.

Il en est de même en ce qui touche les maîtres d'école : leur instruction religieuse est-elle bien étendue? ne gagneraient-ils pas à enseigner des matières qu'il leur faudrait préalablement étudier? les hommes ne s'améliorent-ils pas nécessairement au contact perpétuel de la loi du devoir et de l'enseignement moral? l'étendue de leur esprit n'augmenterait-elle pas au contact des vérités religieuses et économiques?

Une dernière question enfin :

L'union est-elle grande, généralement, entre ces deux représentants de la vérité dans nos villages? ne pourrait-elle gagner à cette communauté d'efforts, de travaux, de lumières?

Tels sont les principaux motifs sur lesquels se fonde, suivant nous, le principe de la réunion des enseignements tel que nous l'avons proposé tout à l'heure.

Mais aussitôt deux objections s'élèvent.

Un combinaison de ce genre est-elle possible en elle-même, s'écrie-t-on? et fût-elle possible, comment la produire dans la pratique, comment la réaliser, comment la faire entrer dans le domaine des faits?

A quoi nous répondons :

Non-seulement cette organisation est possible en elle-même, mais, qui plus est, et c'est là ce qui fait son mérite et sa force, elle est immédiatement réalisable.

Elle est possible en elle-même, disons-nous.

Pour qu'il en fût autrement, il faudrait que la tâche qu'elle impose parallèlement au ministre de la religion comme à l'instituteur du village fût impossible à remplir, fût trop lourde pour chacun d'eux.

Or, en est-il ainsi?

Ne nous faisons pas d'illusions dans la grave question qui nous préoccupe; de nos jours le devoir de l'enseignement n'est point chose facile à accomplir; n'accusons personne, ne nous plaignons ni du passé ni du présent, n'usons pas nos forces en vaines récriminations, mais constatons sans faiblesse que la tâche est lourde et sachons que nous la voulons entreprendre quand même.

Toutefois, s'il importe de reconnaître les difficultés réelles qui existent, faut-il pour cela se les exagérer?

Que demandons-nous en définitive au dévouement du ministre de la religion et du maître d'école?

Évitant d'apporter aucune confusion dans leurs fonctions respectives, reconnaissant à l'un comme domaine principal et spécial l'enseignement et la haute direction des choses religieuses, à l'autre les enseignements élémentaires, agricole et économique, nous demandons à chacun qu'il veuille faire une place accessoire, mais sérieuse et réelle, à quelques connaissances qui ne sont pas considérées comme faisant partie de son ressort spécial.

Est-ce trop désirer? ni l'un ni l'autre n'ont-ils de

loisirs suffisants pour pouvoir arriver aux résultats que nous leur proposons?

La connaissance que nous avons des faits tels qu'ils existent ne nous laisse aucun doute sur la possibilité de ces développements, alors même que les hommes importants dont on vient de parler se trouveraient réduits à leurs propres forces; mais eussions-nous des doutes, ils s'évanouiraient devant l'apparition dans cet enseignement d'une classe nouvelle dont nous allons dire quelques mots et dont il est temps de provoquer l'action.

L'organisation dont vous parlez fût-elle possible, nous disait-on tout à l'heure, comment la faire entrer dans le domaine des faits?

Et nous répondions à cela : Non-seulement cette organisation est possible mais, qui plus est, elle est immédiatement réalisable.

C'est là ce qu'il nous faut essayer d'établir.

Si cette réalisation reposait uniquement sur les efforts isolés et individuels que, par une propagation active et persévérante des vues qui précèdent, on pourrait provoquer de la part de ceux qui représentent soit l'enseignement religieux, soit l'instruction élémentaire dans nos campagnes, les résultats qu'on pourrait obtenir, quelque importants qu'ils fussent, n'arriveraient peut-être pas, nous l'avouons, à donner à cette organisation le caractère d'action immédiate qui nous la fait placer au-dessus de toutes les autres comme étant la plus pratique de toutes.

Le dévouement que puisent les uns dans les fonctions religieuses qu'ils exercent, le dévouement et l'obligation légale chez les autres, sont sans doute pour nous de puissants motifs d'espoir; mais, d'un côté, la force des habitudes prises, les difficultés que présente toujours une nouvelle marche à suivre; de l'autre, ces mêmes habitudes, ces mêmes difficultés, et de plus, parfois, l'influence opposée de l'action gouvernementale, mettraient pendant longtemps de grands obstacles à de pareils changements, et s'opposeraient dans une grande mesure à leur réalisation immédiate.

Pour que cette organisation possible devienne actuelle, pour qu'elle puisse entrer, dès aujourd'hui, dans le domaine des faits, pour qu'elle soit pratique, en un mot, il faut donc aux deux classes enseignantes dont on vient de parler des aides, des secours, des appuis, des encouragements assez énergiques, assez puissants, assez persévérants, assez efficaces pour les soutenir, les unir et les faire triompher des difficultés d'exécution qui se présentent.

Or, il existe, cet élément nouveau, il faut qu'il entre en jeu d'une manière sérieuse, et c'est à lui que nous faisions tout à l'heure allusion en formulant le principe suivant, objet de tous les développements qui précèdent :

Donneront l'enseignement religieux, agricole, économique, tous ceux qui en ont le devoir, ET CE DEVOIR EST LOIN D'INCOMBER UNIQUEMENT AUX MINISTRES DES RELIGIONS ET AUX MAÎTRES D'ÉCOLE.

On le voit, la question s'élargit.

Ce n'est plus seulement à quelques hommes revêtus

d'un caractère spécialement religieux ou munis d'un brevet officiel que s'imposent les devoirs de l'enseignement.

A d'autres époques, peut-être, l'instruction des classes populaires a pu, sans inconvénient, se concentrer uniquement dans les mains de quelques-uns; ce temps-là n'est plus, les nécessités nous pressent et nos devoirs s'étendent avec les besoins de la société.

Les dangers sont, de nos jours, plus grands qu'ils n'ont jamais été, parce que les liens moraux qui seuls peuvent unir les hommes tendent à être remplacés par les lois d'un intérêt individuel mal entendu, source de tous les antagonismes, de toutes les anarchies, de de toutes les oppressions, de toute dissolution sociale, en un mot.

Mais ce n'est heureusement là que le résultat d'une erreur qu'on peut faire disparaître, et il n'est pas impossible, croyons-nous, de faire comprendre à toutes les classes de la société, sans exception, que les lois de l'intérêt matériel, quand elles sont bien comprises, ne se trouvent nullement en opposition avec les vérités morales.

Ce sont là deux forces qui ne doivent être négligées ni l'une ni l'autre, mais qu'il faut savoir unir en même temps qu'on les développe; et pour amener cette harmonie, ce n'est pas trop de tous les efforts dont on peut disposer.

Nous nous adressons donc ici, sans illusion mais sans faiblesse, à l'initiative énergique de tous les hommes qui considèrent comme un devoir de leur part de protéger, d'élever et d'instruire les classes populaires; à l'initiative de nous-même qui parlons, de ceux qui nous entendent, de tous ceux qui entrevoient déjà ou qui verront bientôt l'urgente nécessité d'un effort général dans une question où, pour employer une expression de nos jours, il n'y a plus beaucoup de fautes à commettre.

A nous tous de donner à cet enseignement l'impulsion et la direction qu'il demande, et cela par nos propres efforts, et au moyen des ressources que nous offrent soit une influence déjà acquise, soit notre position sociale, soit même notre fortune.

A nous de faire entrer l'enseignement de nos populations agricoles dans la voie des développements indiqués tout à l'heure; à nous de provoquer l'indispensable union de ces croyances et de ces intérêts qu'on voudrait, bien à tort, séparer aujourd'hui; à nous de devenir, dans nos campagnes, l'appui de ceux qui, spécialement chargés de répandre l'instruction, s'efforcent de bien faire; à nous de soutenir et d'encourager ceux qui chancellent; à nous de rapprocher sans cesse deux classes enseignantes que la poursuite d'un but commun tend naturellement à unir et qui sont, néanmoins, trop souvent divisées.

C'est ainsi que nous atteindrons le but que nous nous proposions tout à l'heure, et que nous ferons marcher de concert l'enseignement de la science élémentaire et de la religion, des lois économiques et des lois morales.

Est-ce une tâche facile que nous entreprenons là? Non certes, il faut le reconnaître; mais sa réalisation dépend de nous, de notre volonté, de notre énergie, de notre prudence, et c'est pourquoi nous affirmions tout à l'heure que de tous les moyens de réforme qui se présentent, celui-là est le seul direct, immédiatement réalisable, immédiatement transportable dans le domaine des faits, pratique en un mot.

Parmi les hommes de cœur justement préoccupés des difficultés qui les entourent, tous ne seront pas de notre avis.

Un certain nombre d'entre eux, las de chercher vainement une solution prompte et radicale aux maux de la société, cessent des efforts qu'ils jugent infructueux et laissent aux hasards de bouleversements plus ou moins imprévus, sociaux ou politiques, la charge de remettre chaque chose en son ordre.

D'autres, mieux avisés, emploient toute leur activité à modifier, par leurs écrits, l'opinion publique, dans l'espoir d'arriver à de meilleures lois.

Laissons aux premiers leur triste inaction et leurs dangereuses espérances.

Joignons nos efforts aux efforts des seconds.

Mais ceux-là même ne peuvent avoir de résultats que dans un avenir très-indéterminé, et puis il n'est pas donné à tous les hommes d'écrire, c'est là, pour ainsi dire, une carrière spéciale; or ce que nous cherchons ici, ce sont les lois d'une action immédiate et accessible à tous; allons donc droit au but, pénétrons dans les institutions elles-mêmes et mettons en œuvre l'ensemble des moyens que nous venons d'indiquer.

Nous craignons bien encore que bon nombre d'esprits, plus naturellement portés vers la théorie que vers l'action, ou plus entraînés par leurs habitudes vers les discours paresseux que vers la peine et l'effort réel, ne se récrient sur la difficulté; nous n'en constatons pas moins que l'entreprise, difficile il est vrai, est cependant à la portée immédiate et actuelle de tous ceux qui veulent faire le bien dont il s'agit, et c'est à ceux-là surtout que nous nous adressons.

Un homme vient de mourir :

Habitant chaque année durant plusieurs mois un village qu'envahissaient peu à peu des tendances manufacturières, il comprit l'importance d'attacher à sa terre, à ses anciennes mœurs, à ses traditions morales et religieuses la population nombreuse qui l'entourait, et courageusement il entreprit son œuvre.

Confiant avant tout dans les résultats de l'enseignement donné à la jeunesse, il s'est efforcé de lui procurer à la fois une instruction morale et religieuse et un enseignement agricole approprié au pays où elle était appelée à vivre.

Il n'a point négligé les créations nouvelles en faveur des adultes et les prenant comme un fait, il s'est appliqué à leur imprimer la meilleure direction.

Puis il s'est adressé à l'âge mur, et réunissant avec persévérance, prudence et discernement les matériaux d'un enseignement agricole sûr et pratique, il s'en est fait le professeur.

Dépenses proportionnées à sa fortune, perfectionnements judicieux, conseils expérimentés, travaux, fatigues, rien ne lui a coûté dans la poursuite de ces résultats.

En même temps il étendait son action plus loin que ce foyer central, unissant ses efforts aux efforts de tous ceux qui travaillaient comme lui au bien des populations agricoles.

Et toujours et partout il donnait par sa vie l'exemple de toutes les vertus et celui d'une religion éclairée et profonde.

Et je sens ici monter une objection : « Cet homme « de bien, ne manquera-t-on pas de nous dire, était « sans doute placé dans une situation qui n'est pas « celle de tous; sa fortune, son éducation, ses loisirs, « l'affection qu'il avait pour un pays qui l'avait vu « naître et grandir, tout en un mot l'appelait à con- « sacrer ainsi sa vie au développement de certaines « idées fécondes, il est vrai, mais dont la mise en pra- « tique demande des facilités toutes spéciales. »

Il n'en est rien. L'homme dévoué dont je parle est né, puis a vécu dans une grande ville; la moitié de sa vie s'est passée loin des champs, et lorsque des circonstances imprévues l'ont appelé à la campagne, de longues années se sont écoulées sans que les préoccupations dont je parle aient pu jouer un rôle actif dans son existence.

Fils aîné d'une nombreuse famille, il a dû consacrer la plus grande portion de sa vie à créer en partie sa fortune, à élever ses enfants.

Ce n'est que dans ses dernières années qu'il a entrepris l'œuvre dont nous venons de parler, alors que son âge déjà avancé, une santé rendue délicate par un long travail, une fortune devenue plus que médiocre par de généreux partages, semblaient lui conseiller la retraite et le repos.

Mais ce n'est point ici qu'il voulait prendre son repos, et c'est au moment où ses ressources étaient plus faibles qu'il a fait le plus de bien.

Un soir cet homme s'est endormi pour toujours du sommeil des justes, et sur la simple pierre de sa tombe on a gravé quelques mots; c'était là un devoir de piété filiale : mais l'ardente soif du bien que le spectacle de sa vie et de ses derniers moments a laissée dans le cœur de ses enfants, et la douleur et la reconnaissance d'un pays tout entier lui sont à jamais une plus sûre épitaphe [1].

Voilà un exemple des devoirs que nous avons à remplir, des fonctions qui se présentent à nous dans l'enseignement des classes agricoles.

Abordons franchement cette tâche nouvelle; ne nous laissons pas rebuter par les premières difficultés, les insuccès, les résistances, sachons nous mêler à la vie de ces populations, à leurs efforts, à leurs

1. Joseph Cottin, tel est le nom vénéré de cet homme de bien, mort le 25 décembre 1866, dans une de nos grandes villes manufacturières où, chaque année, durant quelques mois d'hiver, il consacrait à une intelligente moralisation des classes ouvrières et pauvres les derniers efforts d'une âme dévouée, énergique, infatigable.

Il était le digne gendre d'un autre bienfaiteur des populations urbaines et agricoles sur lequel la tombe vient aussi de se refermer, Claude-Joseph Bonnet, mort à Lyon le 12 octobre 1867 : rude athlète que plus de soixante années de labeurs continus et dévoués n'avaient pu forcer au repos et qui, vaillant octogénaire, conservant jusque dans la richesse une simplicité antique, debout jusqu'à la fin, d'une main répandait autour de lui les bienfaits du travail et la prospérité et de l'autre combattait sans relâche pour le maintien sévère de la probité, des croyances et des bonnes mœurs.

sueurs, à leurs travaux, et par notre exemple et par nos conseils susciter là où elle n'existe pas, encourager là où elle existe cette union de tous les enseignements nécessaire au développement physique et moral de l'agriculteur.

CHAPITRE III.

RÉSULTATS SOCIAUX ET POLITIQUES.

> La liberté ne se donne pas, elle se prend.

On voit assez maintenant quelle large part revient aux classes aisées dans l'enseignement dont il s'agit ici; ce qui précède suffirait amplement pour justifier de l'importance de ce rôle; les quelques considérations sociales et politiques qui vont suivre ne peuvent que le confirmer.

Ce devoir des classes plus aisées, nous venons de le représenter comme une de ces obligations morales qui lient tout homme envers chacun de ses semblables individuellement considéré; mais nous ne croyons pas qu'on puisse le borner là, et nous affirmons sans crainte qu'il renferme en outre une obligation politique, c'est-à-dire une obligation de chacun, non plus comme homme seulement, mais comme citoyen, comme membre de la société.

La *société* c'est l'union des individus par les côtés intelligents et moraux de leur nature, union dont le but est de développer au moyen d'efforts solidaires la vie physique, intellectuelle, libre et esthétique de chacun, en d'autres termes de produire le fait général qu'on appelle *civilisation.*

Ces efforts solidaires, indispensables au développement des individus, ont leur source première dans les volontés particulières de ces derniers, et l'union des efforts dépend avant tout de l'union des volontés.

En un mot, c'est dans l'union des actions que réside la forme extérieure de la société, dont le fondement, c'est-à-dire l'union des esprits et des volontés, est intérieur.

Ainsi, en résumé, deux éléments principaux constituent le fait social, c'est-à-dire l'union des hommes dans une série d'actions et de réactions réciproques dont le résultat est le développement physique et moral de l'individu : le premier de ces éléments, élément fondamental et indispensable, est l'accord des volontés; le second, non plus intérieur mais également indispensable, est l'accord des actes extérieurs.

Or, l'expérience des hommes et des événements dit assez la foule d'exceptions que rencontre, à toutes les époques, au sein des peuples divers, cette union des actes extérieurs: elle montre que cette action commune indispensable au développement normal des individus est souvent entravée par les efforts d'une partie de ces individus eux-mêmes.

C'est pourquoi l'on a toujours considéré comme un fait nécessaire l'existence, dans toute société, d'une force extérieure destinée à maintenir l'ordre dans les actions, c'est-à-dire à empêcher l'oppression des uns par les autres, à laisser libre l'expression extérieure de celles de ces volontés qui tendent à conserver et à développer l'union des intelligences, des déterminations morales et des actions à laquelle on donne le nom de *société*.

Mais cette force qu'on appelle communément *Pouvoir*, *Gouvernement*, *État*, ne peut-elle pas devenir elle-même un danger social?

Poussée par la nécessité des résistances à vaincre, conduite par l'instinct même de sa conservation, par cette loi fatale d'après laquelle tout être qui ne veut pas décroître doit se fortifier et s'agrandir, cette force conservatrice ne peut-elle pas entrer dans la voie d'un développement exagéré, en disproportion avec la fonction qu'elle est appelée à remplir?

De défensive qu'elle était tout d'abord, ne pourrait-elle pas devenir oppressive? de prohibitive, réglementaire?

Cela pourrait être et l'on essaye d'y obvier par les *lois*, autre élément nécessaire de ce fait social si compliqué.

Mais qui donc contiendra le pouvoir dans les limites de la loi? Qui l'obligera à user dans ses applications de tous les ménagements sans lesquels toute loi devient inique? qui le sauvera du danger de chercher dans une interprétation arbitraire de cette même loi les moyens ou de l'éluder ou de l'aggraver à son profit? Qui le persuadera de laisser aux législateurs et avant eux aux publicistes la liberté qu'exige l'examen, la critique, les remaniements et la transformation perpétuels et nécessaires de nos codes?

On nous répond : Les résistances des gouvernés ou, en d'autres termes, l'opinion publique.

Mais ces résistances ne sauraient compter si elles

sont individuelles; il faut, pour qu'elles aient un effet, qu'elles se groupent, qu'elles s'unissent, et présentent ainsi des masses imposantes et respectables.

Or, comment créer ces ensembles?

Comment former ces résistances compactes également propres à contre-balancer les excès du pouvoir et, au besoin, les efforts de l'anarchie?

(Car il nous sera permis de le dire en passant : c'est une erreur déplorable que celle de ces hommes qu'une soif légitime de repos et de sécurité porte à réclamer aveuglément et par-dessus tout la formation et l'extension d'un pouvoir absolu.

Ce pouvoir qui cherche nécessairement à détruire sur sa route toutes les influences particulières et locales pour y substituer la science propre, ce pouvoir, disons-nous, par suite de cette grande unité, peut maintenir, il est vrai, pendant toute la durée de son existence, un ordre extérieur, une paix, une tranquillité plus parfaite. Mais au jour de la réaction un peuple éprouve à ses dépens les effets désastreux de cet immense nivellement : tous les efforts qu'on peut essayer à ce moment-là pour protéger contre l'anarchie cette sécurité, cette tranquillité, objets de tant de sacrifices, tous ces efforts demeurent impuissants, parce qu'il sont individuels [1].)

Or, nous le répétons, comment créer des forces capables de résister à la fois à ce double danger que nous signalons ici : l'excès et l'absence de gouvernement?

1. Quelques-unes des considérations précédentes sur la nécessité du Pouvoir et sur ses limites sont reproduites de notre brochure : *La Politique*, etc.

Le bon sens des individus les y poussera-t-il de lui-même ?

Il faut le reconnaître, dans tous les temps et chez tous les peuples les masses ont besoin d'être dirigées dans la poursuite de leurs intérêts communs, même les plus chers.

A qui donc nous adresser pour former ces agglomérations qui ne se font pas d'elles-mêmes, ainsi qu'on peut le constater de nos jours ?

Quelle influence invoquerons-nous pour réunir ces individualités qui, abandonnées à leur propre initiative, demeurent isolées les unes des autres et par là complétement à la merci des centralisations excessives ou des minorités anarchiques ?

Nous invoquerons la seule influence immédiatement praticable qui subsiste encore aujourd'hui, celle qui subsistera toujours parce qu'elle est une loi naturelle, nécessaire, invincible : l'influence de la supériorité réelle, librement reconnue et bientôt, à cette condition, librement acceptée.

Il est des supériorités d'ordres bien différents : la supériorité de la fortune, celle de la naissance sont d'un genre inférieur ; la supériorité que donne une position honorablement acquise, la supériorité de l'instruction, celle de la vertu, celle de la religion, celle du dévouement se placent en première ligne.

Toutes n'en sont pas moins des supériorités, toutes, par conséquent, peuvent avoir une action, et nous faisons appel à toutes sans exception, mais, de préférence, aux plus élevées qui sont en même temps les plus efficaces.

Et, dira-t-on, comment ces supériorités se feront-elles reconnaître ?

Comment se feront-elles librement accepter ?

Ici nous rentrons dans notre sujet dont on a pu croire que nous nous étions un instant écartés, et nous y rentrons forts de toutes nécessités dont nous venons de présenter le tableau trop réel.

Pour les hommes pénétrés de l'importance de leurs devoirs politiques, doués de quelques-unes de ces forces dont on vient de parler, et désireux de s'en servir afin de provoquer dans les masses sociales l'organisation de ces résistances conservatrices dont nous constations tout à l'heure l'urgente nécessité, pour ces hommes, disons-nous, il n'existe qu'un moyen immédiatement praticable de faire librement reconnaître et par là même librement accepter une puissance d'influence qu'ils veulent appliquer au bien de tous.

Ce moyen c'est l'établissement de rapports intimes, perpétuels entre eux et les classes sur lesquelles ils doivent agir.

Mais le rapport le plus naturel dans une pareille rencontre de situations, celui qui découle de lui-même de la position réciproque de ces hommes dévoués et de ces classes nombreuses où tous les besoins sont à satisfaire, c'est un rapport d'enseignement, et d'enseignement sous toutes ses formes.

Comment ne serait-elle pas reconnue et acceptée une supériorité d'instruction, de vertu, de dévouement qui se traduit sans cesse par la communication intime que l'enseignement établit ; qui tantôt s'adresse à tous, tantôt se penche sur chacun en particulier ; qui parle à la fois à l'esprit, au cœur, aux instincts religieux des individus, et dont tous peuvent apprécier à chaque instant le mobile et l'effort désintéressés ?

Il n'en faut pas davantage pour créer, par les liens

durables de l'estime, de la confiance et de la reconnaissance, des influences puissantes volontairement acceptées, des centres de résistance, des forces librement constituées et capables de maintenir à la fois les gouvernements dans leur rôle et les anarchies dans l'ombre.

Tel est le rôle politique de l'enseignement des classes populaires par les classes plus aisées.

Et si nous restreignons à la matière toute spéciale qui nous occupe, c'est-à-dire à l'enseignement des classes agricoles, les données générales que nous venons d'exposer, nous conclurons enfin :

Tel doit être, au point de vue politique, le rôle de l'enseignement des populations rurales par tous les hommes auxquels une supériorité réelle d'éducation et d'instruction fait un devoir de protéger, d'élever, de diriger et d'instruire leurs semblables moins favorisés.

Cet enseignement doit, en un mot, à ce point de vue particulier de son action politique, créer dans ces populations des centres de résistances conservatrices fondés sur la libre acceptation des influences honnêtes par les individualités isolées, et cela, nous le répétons, parce que les classes agricoles jouent un rôle important dans la vie et le développement de la société ; parce que cette société, dans le vrai sens de ce mot, ne saurait vivre et se développer sans être libre en même temps des oppressions gouvernementales et des désordres anarchiques ; parce que, enfin, ce double résultat ne peut être obtenu de nos jours si l'on ne fait pas dans la pratique une large part aux deux propositions suivantes qu'on pourrait presque élever ici à la hauteur de principes sociaux :

1° IL FAUT QUE LE POUVOIR, FAILLIBLE COMME IL EST ET SOUVENT EXPOSÉ A DE VIOLENTES TENTATIONS, NE SE TROUVE POINT PLACÉ EN PRÉSENCE D'INDIVIDUS ISOLÉS DONT IL PUISSE DÉDAIGNER OU BRISER LA RÉSISTANCE, MAIS EN FACE DE GROUPES COMPACTES AVEC LA VOLONTÉ DESQUELS IL SOIT OBLIGÉ DE COMPTER.

2° LA OU IL N'Y A PAS DE RÉSISTANCE POSSIBLE CONTRE LES VOLONTÉS ARBITRAIRES DU POUVOIR, IL NE SAURAIT Y AVOIR DE RÉSISTANCE POSSIBLE CONTRE LES FUREURS DE L'ANARCHIE, ET RÉCIPROQUEMENT.

Ces deux principes résument tout ce qui précède.

Nous terminons ici, d'une part, les considérations que nous avons cru devoir émettre sur le rôle des classes aisées dans l'enseignement des populations agricoles, et en même temps, d'une manière générale, notre réponse à la question plus étendue que nous nous étions posée en ces termes :

Qui donnera aux classes agricoles l'enseignement dont elles ont besoin ?

—

Cette importante matière et les autres que nous avons examinées auparavant se trouvant ainsi rapidement traitées, il semble que nous ayons parcouru successivement tous les points de vue principaux dont la réunion constitue le sujet de cette étude, c'est-à-dire la recherche de ce que doit être de nos jours l'enseignement primaire dans les campagnes.

Essayons, en terminant, de condenser en quelques lignes les traits généraux de ce travail.

Constater au sein de nos populations agricoles la présence d'un certain nombre de malaises qui exigent impérieusement l'application de remèdes efficaces;

Chercher les moyens de répondre à la fois à ces besoins physiques et moraux de la classe dont il s'agit;

Lui donner pour cela un triple enseignement;

Mettre successivement dans les mêmes bouches les différents ordres de vérités qu'il faut répandre pour en faire ressortir les rapports et procurer, en même temps, aux maîtres de la religion et aux maîtres de la science élémentaire, ainsi qu'aux idées qu'ils représentent, une influence plus profonde sur les esprits qui leur sont confiés;

Étendre ces enseignements à la jeunesse et à l'âge mûr;

Pour arriver pratiquement, c'est-à-dire immédiatement, à tous ces résultats, joindre à l'action des deux classes enseignantes déjà établies les efforts de tous les hommes éclairés et moraux qui passent leur vie, en tout ou en partie, au milieu des populations dont l'avenir nous préoccupe;

Donner un aperçu des sérieux effets que cette immixtion volontaire d'une nouvelle catégorie d'hommes enseignants peut avoir sur la vie politique des classes agricoles en particulier et de notre société en général, vie difficile à conserver intacte, placée qu'elle est entre les exagérations du pouvoir et les soulèvements de l'anarchie, vie brisée ou du moins gravement compromise de nos jours, vie qu'il faut cependant ressusciter à tout prix, parce qu'elle est une indispensable condition du développement civil et moral des individus :

Tel est, en résumé, l'ensemble des questions principales que nous avons essayé de poser tour à tour et d'élucider.

Cette étude rapide est sans doute incomplète. Quel homme a jamais aperçu la vérité sous toutes ses faces? Telle qu'elle est pourtant, elle nous semble mettre en lumière une portion des besoins essentiels et de la classe sociale dont il s'agit et de la société tout entière. Si elle indique en même temps quelques moyens efficaces d'y satisfaire et si elle peut exciter chez des esprits généreux une énergique résolution de les mettre en œuvre, elle aura suffisamment atteint le but qu'elle se propose.

TABLE DES MATIÈRES

Pages.

FIN DE LA TABLE DES MATIÈRES.

PARIS. — IMPRIMERIE GÉNÉRALE DE CH. LAHURE
Rue de Fleurus, 9

www.ingramcontent.com/pod-product-compliance
Lightning Source LLC
LaVergne TN
LVHW020929230826
846091LV00005BA/1801

* 9 7 8 2 0 1 2 9 8 4 6 1 5 *